JN252994

古墳空中探訪 ［奈良編］

梅原章一

今尾文昭 解説

新泉社

はじめに

「では、行きましょうか」「了解！」

　快晴の日、小型単発機のセスナ172型機は、大阪・八尾飛行場を軽快に飛び立った。

　この機は世界のベストセラー軽飛行機で、翼が座席の上についている高翼のため、写真の撮影に数多く使用されている。4人乗りで、パイロットは前の左側。私はそのすぐ後ろに座る。隣の右座席には4×5判の大型カメラとフィルムなどの器材を置く。いまはデジタルカメラになって便利になったが、かつてはフィルムをたくさん準備しておかなくてはならなかった。

　パイロットはいつものベテランYさん。172型機のスペシャリストで、関西の地理が頭に入っている。「今日は箸墓古墳を撮影するので、まず三輪山上空に行って」と告げると、理想的なコースで飛行してくれる。

　気温が高めの日で、上空でも撮影窓は開け放しておく。吹きつける空気が涼しい。撮影窓の大きさはA3判ぐらい。写真撮影はかならず左旋回で、左側の窓越しから撮影する。

　もうすぐ箸墓古墳上空。「撮影をはじめるよ！　1200フィートで」と大声で前のYさんに高度と方向を指示すると、機は1200フィートで大きく左旋回をはじめる。あらかじめ下調べしておいたように、太陽の影、箸墓と三輪山の位置を計算に入れ、俯瞰したフレームでシャッターを切る。もう一度旋回してもらい再度撮影。

今度は古墳自体をアップで撮影するため、Ｙさんは旋回しながら高度を下げていく。飛行機は高度を上げたり下げたりするのは飛行時間のロスだ。高高度から入って俯瞰写真を撮り、そこから高度を下げて各古墳を撮影するのが常道である。

　最後は高度800フィートまで下がり、古墳をフレームいっぱいに真上から撮す。タイミングを見計らってＹさんは機体を左70度まで傾け、私は強力なＧを感じながら真下に古墳と対面し、シャッターを切る。計算していたとおり、斜めから陽があたって墳丘の森がブロッコリーのように立体的に見え、墳丘のこんもりとした半球を写すことができた。

　このようにして私は古墳を撮りつづけてきた。

　本書「奈良編」では、奈良の古墳の写真を収録した。四方を山に囲まれている奈良盆地の広さは、東西約15キロ、南北約30キロ。セスナ機で飛ぶと北から南まで約10分で通過する狭い範囲だ。この中に、纏向・柳本・大和（おおやまと）古墳群、佐紀古墳群、馬見古墳群、飛鳥の終末期古墳といった重要な古墳がたくさん造営された。

　そしてそれらは、空から見ると、河川や道、集落遺跡などと密接な関係があることがわかる。そうした特徴を写しとるために、古墳のアップ写真ばかりでなく、地形・景観がわかるように俯瞰で撮影した写真を多く収録した。どうかみなさんも、飛行機の乗っているつもりで古墳空中探訪を楽しんでほしい。

馬見古墳群、葛城を飛ぶ　69

コラム│埴輪の動物園　100

飛鳥を飛ぶ　101

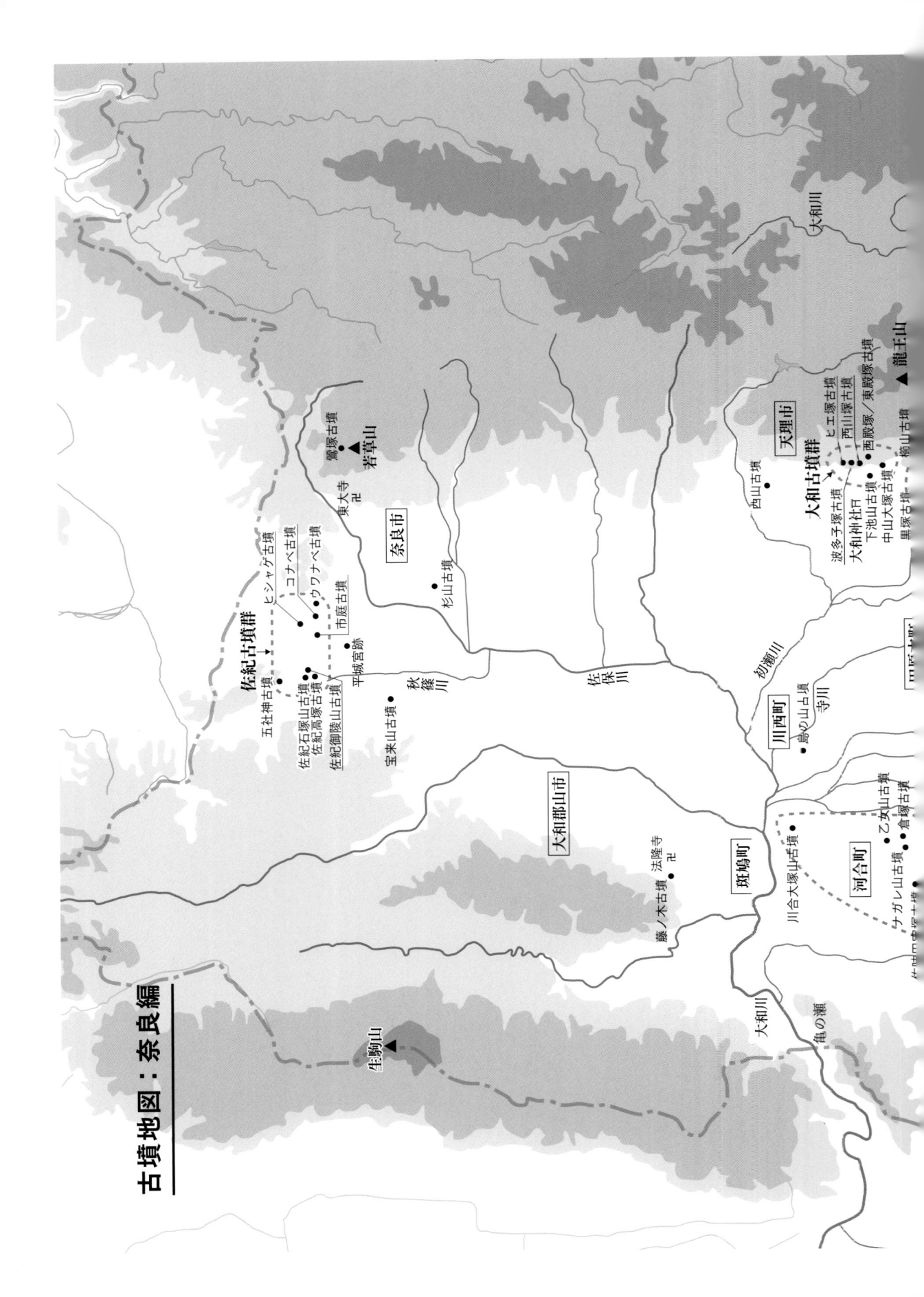

古墳地図：奈良編

佐紀古墳群

ヒシャゲ古墳
コナベ古墳
ウワナベ古墳
市庭古墳

五社神古墳
佐紀石塚山古墳
佐紀高塚古墳
佐紀御陵山古墳

平城宮跡

宝来山古墳

鶯塚古墳
若草山

東大寺 卍

奈良市

杉山古墳

秋篠川

佐保川

佐保川

法隆寺 卍

藤ノ木古墳

大和郡山市

斑鳩町

生駒山

大和川

亀の瀬

川合大塚山古墳

河合町

ナガレ山古墳
乙女山古墳
倉塚古墳

川西町

島の山古墳

寺川

初瀬川

大和川

天理市

西山古墳

大和古墳群

波多子塚古墳
大和神社
下池山古墳
中山大塚古墳
黒塚古墳

ヒエ塚古墳
西山塚古墳
西殿塚／東殿塚古墳
櫛山古墳
龍王山

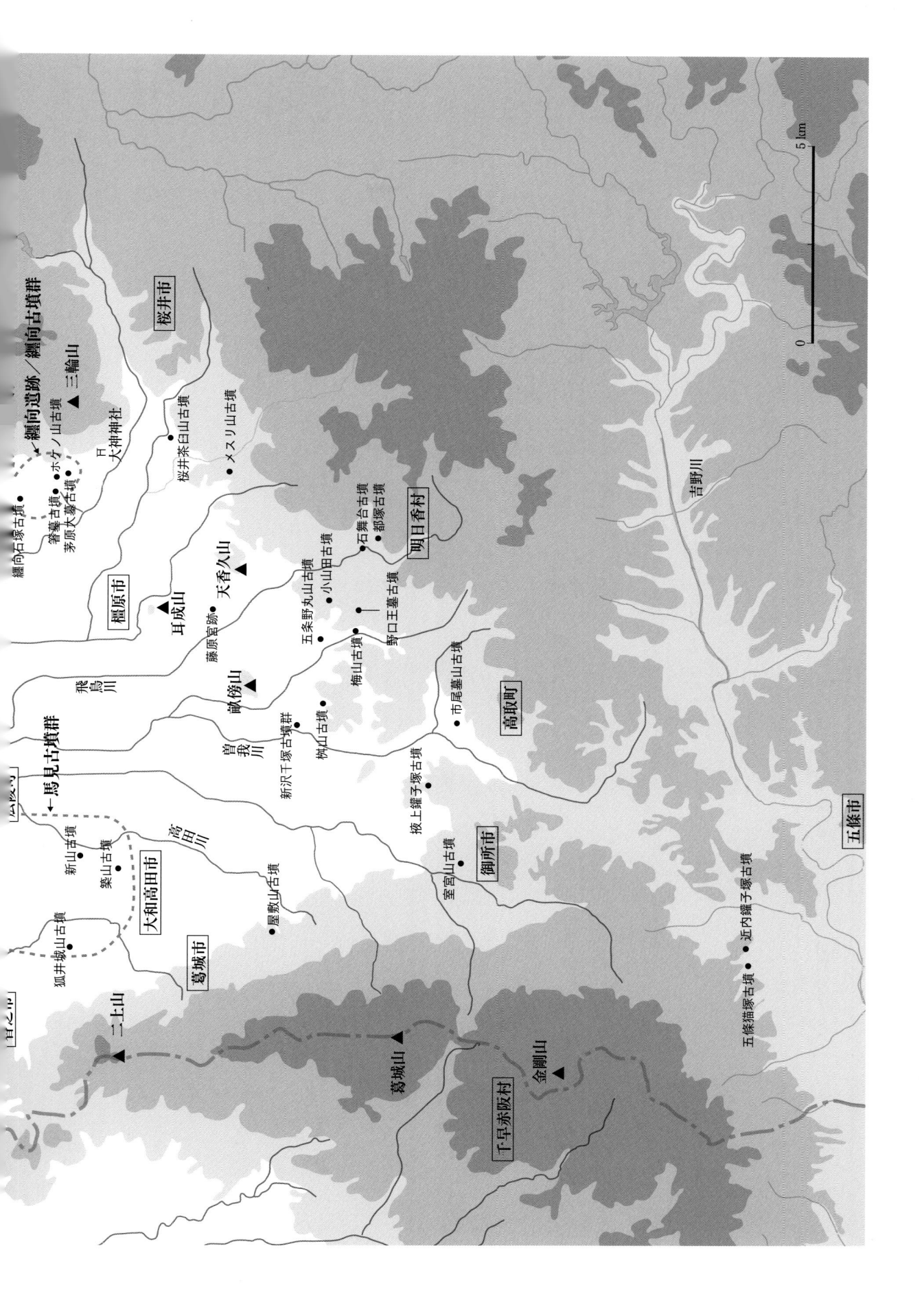

凡例
● 纒向石塚古墳
● 箸墓古墳
● 茅原大墓古墳
-•- 纒向遺跡／纒向古墳群
▲ 三輪山

桜井市
大神神社
桜井茶臼山古墳 ●
● メスリ山古墳

橿原市
▲ 耳成山
藤原宮跡 ●
▲ 天香久山
明日香村
● 石舞台古墳
● 都塚古墳

飛鳥川
▲ 畝傍山
五条野丸山古墳 ●
小山田古墳
野口王墓古墳

曽我川
新沢千塚古墳群
桝山古墳 ●
梅山古墳 ●

高取町
市尾墓山古墳 ●

馬見古墳群

新山古墳 ●
築山古墳 ●

大和高田市
高田川

屋敷山古墳 ●

葛城市

御所市
掖上鑷子塚古墳 ●
室宮山古墳 ●

▲ 二上山

▲ 葛城山

千早赤阪村
▲ 金剛山

五條市

五條猫塚古墳 ● ● 近内鑷子塚古墳

0 5 km

読者のみなさんへ

○ 本書では、奈良の古墳をおおよそ奈良盆地の東南部、北部、西南部、南部の４つに分けて構成し、それぞれ「古墳時代の幕開けを飛ぶ」「佐紀古墳群ほかを飛ぶ」「馬見古墳群、葛城を飛ぶ」「飛鳥を飛ぶ」と命名しました。それらは厳密な区分けではなく、ひとつの目安と考えてください。

○ そのため、たとえば「古墳時代の幕開けを飛ぶ」に古墳時代前期ではない古墳も入っていますし、「佐紀古墳群ほかを飛ぶ」の項に佐紀古墳群には入らない奈良盆地北部の古墳も入っています。

○ 各古墳の解説は今尾文昭が担当し、それ以外の文章は著者が記しました。

○ 各古墳の解説文の「時期」「墳長」「名称」などには別の情報が示される場合があります。本書の解説は、ひとつの目安と考えてください。

○各古墳群の古墳は、おおよそ時期別に配列しましたが、一部、時期が前後しているページもあります。

古墳時代の幕開けを飛ぶ

セスナ機は快適なエンジン音を響かせ大阪・八尾飛行場を舞い上がる。大阪府と奈良県の境、大和川の亀の瀬上空を過ぎ、奈良盆地に入ると、前方に円錐形の優美な山、三輪山が見えてくる。ここ三輪山から龍王山へつづく奈良盆地東南部の山々の山裾は、纒向・柳本・大和（おおやまと）古墳群という大古墳群がつくられた地。まほろばのロマンを写し撮るために、私はこの地を50回以上飛行している。特に卑弥呼の墓ともいわれる箸墓古墳は、形のよい後円部にキュッと締まったくびれ部から撥（ばち）形の前方部がのび、何度撮影しても飽きることがない。

奈良盆地全体を南から俯瞰する。
ここはヤマト政権誕生の地。
右手の山麓に箸墓古墳、
纒向・柳本・大和（おおやまと）古墳群があり、
左手奥に馬見古墳群がある。

1987.6

11

龍王山（標高586m）から三輪山（標高467m）へつづく
奈良盆地東南部の山々、
その山麓に日本列島最初の大古墳群がつくられた。
まほろばの景観を元旦の朝、撮影した。

1988.1

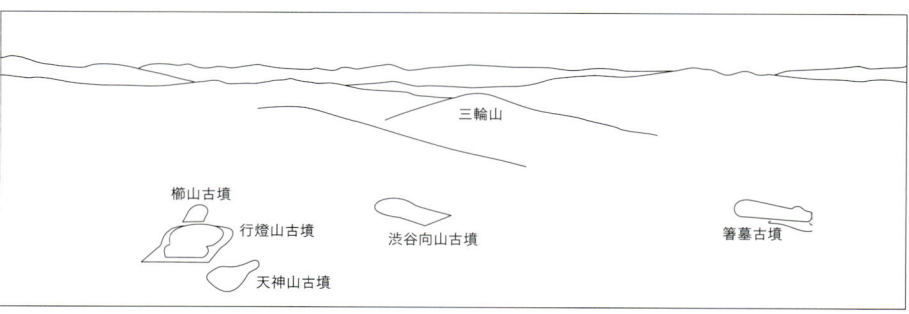

三輪山

櫛山古墳
行燈山古墳
渋谷向山古墳
箸墓古墳
天神山古墳

2017.3

南から箸墓古墳、纏向遺跡、そして柳本・大和古墳群をのぞむ。

纒向遺跡 まきむくいせき

三輪山の北西一帯に広がる古墳時代前期初葉から後葉の集落遺跡。巻向川による扇状地の微高地上に遺構のまとまりがある。遺跡範囲は東西2km、南北1.5kmにおよぶ。1971年にはじまる発掘調査で、幅5m、深さ1m、長さ200m以上におよぶ人工水路の「纒向大溝」、東西方向に軸線をそろえた大型掘立柱建物群の検出など、計画性のある集落構造が解明された。列島各地からもたらされた土器の出土もあり、初期ヤマト政権の中心地と評価される。居住域の縁辺には、古墳時代前期初葉の古墳が存在する。纒向古墳群である。西縁の東田支群（太田および東田）と南縁の箸中支群の2カ所に分かれる。東田支群の勝山古墳（写真手前左側）、矢塚古墳（手前右側）、纒向石塚古墳（手前中央）、向こう側に箸中支群の箸墓古墳（写真奥右側）が見える。

2017 6

冬の三輪山は朝靄がかかることがよくある。
元旦の朝、荘厳なカットを狙い飛び立った。
朝靄に浮かぶ神宿る山・三輪山。手前の国道169号線には、
初詣で大神神社へ向かう車が列をなしていた。

1989.6

纒向石塚古墳 まきむくいしづかこふん

桜井市太田／古墳時代前期初葉／
前方後円墳／墳長96m
纒向古墳群のなかで最初に築かれた可能性が
高い。前方部は、細いくびれ部から撥形に極
度に開く。後円部の上部は削られているが、
周濠は遺存する。周濠内からは土器類ととも
に木製鋤や建築部材、鶏形木製品、さらに弧
帯文を意匠した弧文円板が出土した。吉備地
域との関係性を示す資料となる。

ホケノ山古墳 ほけのやまこふん

桜井市箸中／古墳時代前期初葉／
前方後円墳／墳長80m
箸墓古墳の東方に位置する。現在、巻向川
（写真左側）が傍らを流れる。纒向古墳群箸
中支群を構成する。発掘調査により、二重構
造の木槨を石で囲った特異な埋葬施設がみつ
かった。画文帯神獣鏡、内行花文鏡、鉄刀剣、
鉄鏃などが出土。木槨の上部には、赤く着色
され文様で飾った壺を置いていた。箸墓古墳
に先行するか、ほぼ同時期か、築かれた時期
をめぐる議論がある。

2017.6

2001.9

稲穂が色づきはじめた初秋の快晴の一日で、
非常にシャープに撮すことができた。

1993.5

箸墓古墳 <small>はしはかこふん</small>

桜井市箸中／古墳時代前期初葉／前方後円墳／墳長280m

日本列島で最初に出現した左右対称性のある大型前方後円墳。纒向遺跡の中心部からは、南へ離れた位置にある。前方部を西に向ける。細身のくびれ部から弧状に開いた撥形前方部となる。前方部4段、後円部5段で、後円部埋葬施設は不明だが、第4段の縁辺には板石が敷設され、上は川原石を多用する。1994年の前方部北側の発掘調査で、第1段斜面の葺石、幅の狭い周濠、外堤、さらに外側の落ち込みの存在が明らかとなった。後円部頂上には宮山型、都月型特殊器台、特殊壺、前方部頂上には二重口縁壺の出土がある。出土遺物の理化学分析により3世紀中葉の年代観が与えられたが、資料の評価をめぐっての議論がある。後円部側には、奈良盆地を南北につなぐ古代の直線道路「上ッ道」が通る。

合図とともにパイロットに機体を水平から70度
傾けてもらい、卑弥呼の墓ともいわれる、箸墓古墳を真上から撮影。
前方部の撥形、全体の鍵穴のようなフォルムがよくわかる。

1978.9

後円部から撮影。
道路と住宅でわずかに削られたことがわかる。
左奥に耳成山と畝傍山を、右奥に二上山をのぞむ。
40年前の箸墓古墳の姿と景観だ。

2017.6

茅原大墓古墳 ちはらのおおはかこふん

桜井市茅原／古墳時代前期末葉—中期初葉／
帆立貝形前方後円墳／墳長86m

三輪山麓に築かれた帆立貝形の前方後円墳。前方部
を北に向ける。後円部3段、前方部2段で左右非対
称の周濠となる。葺石と埴輪があるが、とくに東側
くびれ部で出土した盾持ち人物埴輪は、初期事例
となる。後円部埋葬施設は、粘土槨ではないかとさ
れる。埴輪棺が3基出土している。北西に箸墓古墳
（写真奥）が見える。

朝靄に浮かぶ三輪山と柳本古墳群。
どの季節に訪れても
すばらしい景色で撮影に力が入る。

1978.9

黒塚古墳 くろつかこふん

天理市柳本町／古墳時代前期前葉／
前方後円墳／墳長130m
前方部側面が弧状に開き撥形をなす中型前方後円墳
として知られていた。1997・98年の後円部の竪穴式石
榔の発掘調査では、木棺の内部に置かれた画文帯神獣
鏡、木棺の外側に置かれた三角縁神獣鏡33面、小札
革綴冑など豊富な副葬品が原位置を保って出土した。
墳丘主軸に直交した竪穴式石榔がある。周囲の周濠を
含めて戦国期には「クロツカ砦」が築かれ、近世には
柳本藩陣屋にとり込まれた。

一躍脚光を浴びる前の姿で、
柳本古墳群の大型古墳を撮影した帰りに
何気なく一枚撮っていた。

桜満開の黒塚古墳。
後円部の竪穴式石室を
調査している時に撮影。

1998.4

整備された現在の黒塚古墳。
遊歩道がつけられている。
公園内の黒塚古墳展示館で
実物大の復元竪穴式石室を
見学できる。

2017.6

1987.5

柳本古墳群 やなぎもとこふんぐん

柳本古墳群の行燈山古墳（写真中央）、渋谷向山古墳（写真手前）が大
きく見える。初期ヤマト政権の王墓として評価される。奈良盆地東南部
の山辺・磯城では、龍王山塊からのびでる丘陵先端につぎつぎと墳長
200mを越える大型前方後円墳が築かれた。さらに周囲には中・小型前
方後円墳がともにあり、大和（おおやまと）・柳本・纒向古墳群という古
墳時代前期の大古墳群を形成している。

1993.12

1993.5

櫛山古墳 （くしやまこふん）

天理市柳本町／古墳時代前期末葉／
双方中円墳／墳長155m

行燈山古墳の東側に築かれた。西側に長めの
前方部、中円部をはさんで東側に短めの後方
部が付く双方中円墳である。中円部に竪穴式
石槨があり、なかに組合式石棺を据えたこと
が判明している。石槨の内外や後方部から大
量の腕輪形石製品が出土した。前方部北側の
周濠外堤（写真上側）には、柵形埴輪が立て
られていたとみられる。

2002.11

秋の黒塚古墳から行燈山古墳をのぞむ。

2002.11

東（手前）からのびる尾根筋に
造られた様子がわかるように狙った。いかがだろうか。
手前から櫛山古墳、行燈山古墳、黒塚古墳。

1992.10

行燈山古墳 あんどんやまこふん

天理市柳本町／古墳時代前期後葉／
前方後円墳／墳長240m

西殿塚古墳、東殿塚古墳につぐ時期に築かれた。丘陵の先端を利
用して墳形を形づくる。円筒埴輪をめぐらせ、前方部3段、後円
部4段の築成とみられる。階段状の周濠があるが、くわしくは不
明。濠水を満たす現在の姿は、幕末に地元の柳本藩がおこなった
修陵事業による。前方部前面側の周濠内に島が見えるが、これは
修陵以前から存在した。

雲がかかり全体に
光が均一にあたらず影ができ、
濠と拝所に光があたって
不思議な雰囲気になった。
行燈山古墳は現在、崇神天皇陵とされ、
一段高いところにある拝所から
墳丘を間近に見ることができる。

2002.11

渋谷向山古墳 しぶたにむかいやまこふん

天理市渋谷町／古墳時代前期末葉／前方後円墳／墳長300m
古墳時代前期（3世紀後半から4世紀後半）における最大規模の
前方後円墳。東側からのびる丘陵尾根を利用して築かれた。前方
部は発達し、まっすぐ直線に開く。前方部と後円部では高低差が
あり、前方部2段、後円部3段の段築になるとみられる。また、
左右非対称の階段状の周濠がともなう。段築平坦面には、円筒埴
輪列がある。南側周濠（写真右側）は、元は現況より広く、水田
と道に痕跡を留める。

大和神社上空より約40基の古墳で
構成される大和・柳本・纒向古墳群の全景を北西から撮す。
左手の山の裾野には大和の古道「山辺の道」が通り、
古代へのロマンを誘う。

2001.9

冬場の斜光線で各古墳が浮かび上がるように、
古墳群全体を西から撮した。

1993.12

大和古墳群 <small>おおやまとこふんぐん</small>

大和古墳群の中心部が見える。古墳群は2つの支群からなる。扇状地の微高地上に築かれた萱生（かよう）支群と東殿塚古墳・西殿塚古墳（写真中央奥）から南西にのびる丘陵上にある中山支群である。萱生支群には、波多子塚古墳（写真左側）、下池山古墳（写真中央手前）など前方後方墳が含まれる。中山支群には前方部が中世以来の郷墓となる燈籠山古墳（写真右側）、特殊器台をもつ中山大塚古墳（写真右側）が含まれる。西殿塚古墳の北西には、後円部が南にある西山塚古墳が見える。現在、盾形周濠が溜池となる。古墳群のなかで唯一の古墳時代後期の前方後円墳である。

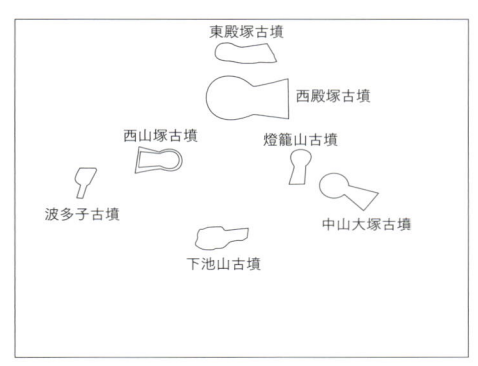

1998.4

西殿塚古墳
にしとのづかこふん

天理市中山町／古墳時代前期初葉／前方後円墳／墳長225m
西殿塚古墳（写真中央）は、箸墓古墳についで築かれた大型前方後円墳。前方部を南に向ける。東から西に高低差のある丘陵を利用してつくられた。そのため後円部3段、前方部3段の段築に対して、低くなる西側は1段分の最下段が付く。前方部と後方部頂上には方形壇がある。宮山型特殊器台の採集があった。1993年の東側くびれ部と前方部の周濠相当部分における発掘調査で多量の円筒埴輪が出土した。第1段平坦面に埴輪列が存在すると考えられる。墳丘外側にある長方形の周濠相当の区画が農耕地となり地割として遺存する。

東殿塚古墳
ひがしとのづかこふん

天理市中山町・萱生町／古墳時代前期前葉／
前方後円墳／墳長175m
東殿塚古墳（写真手前）は、西殿塚古墳の東側のより高い位置にならんで築かれている。1997年の発掘調査で、長方形の周濠相当の区画と外堤の存在が確認された。前方部西側裾では、区画へ張り出す埴輪列と供献土器群がみつかっている。そのうち鰭（ひれ）付き楕円筒埴輪には船を描いた線刻画があった。

左端に桜が咲いている。
この時期は草木がまだ茂らず古墳のみ浮き立ち、
立体感のある古墳写真が撮れる。
航空写真は季節と時間帯を考え、少ないチャンスを狙う。

1998.4

西山塚古墳 にしやまづかこふん

天理市萱生町／古墳時代後期前葉／
前方後円墳／墳長114m
南に向く後円部と開きのある前方部が見える。
溜池となった周濠も下方が広い盾形である。墳
丘は段々の果樹園で、本来の段築は不明であ
る。墳形や周濠、採集の埴輪の年代観から大和
古墳群では、唯一といってもよい古墳時代後期
の前方後円墳である。南東に西殿塚古墳・東殿
塚古墳（写真奥左側）、小型前方後円墳の火矢
塚古墳、燈籠山古墳（写真奥右側）が見える。

左斜め上の西殿塚古墳と対比するように撮影。
どちらかが継体大王の妃、
手白香皇女の真陵なのだろうか。

中山大塚古墳
なかやまおおつかこふん

天理市中山町／古墳時代前期初葉／
前方後円墳／墳長130m

西殿塚古墳に先行して築かれたとみられる最古級の前方後円墳。丘陵上にあり、地形にそって前方部を南西に向ける。葺石を備え、後円部は急角度の2段で形づくられた。前方部と後円部の高低差が顕著である。墳丘外では、周溝となる落ち込みが後円部北側（写真奥）にある。また前方部北側には三角形の張り出しがある。宮山型特殊器台が採集されているほか、特殊器台形埴輪、円筒埴輪などがある。1993・94年の発掘調査で後円部に竪穴式石槨の存在が明らかにされた。銅鏡、鉄鏃、鉄刀剣類の出土があった。

1998.4

2002.11

ヒエ塚古墳 ひえづかこふん

天理市萱生町／古墳時代前期初葉／前方後円墳／墳長130m

大和古墳群の北端にある。前方部を西に向ける。墳丘は果樹園となる。くびれ部から細身の前方部がゆるやかに弧状に開き撥形となる。規模や形状が中山大塚古墳に似る。2017年の後円部周濠部分の発掘調査で、墳丘に沿った幅の狭い周濠と葺石の存在が確認された。埴輪の使用がない可能性も高い。前方部北側の農道部分では庄内式期の溝がみつかっている。西側に近接して前方後方墳のノムギ古墳（写真右側）がある。周溝内には、庄内式期の土器の集積があった。北側に県道バイパス道路（写真中央手前）が建設中だが、現在は2基の間を通る。

奈良でこのような古墳を破壊する
工事が進むのはたいへん残念だ。

2001.9

波多子塚古墳 <small>はたごづかこふん</small>

天理市萱生町／古墳時代前期前葉／前方後方墳／墳長140m

萱生支群を構成する前方後方墳。全体が果樹園となる。西側に向く細長い前方部に特色があるが、地中探査によれば、現況よりも開いた形状になるとされる。周囲にある長方形の区画は、1998年の発掘調査で周濠になることが確認された。特殊器台形埴輪、鰭付き円筒埴輪、朝顔形埴輪の出土がある。初期埴輪の実態を示す資料である。

2017.6

下池山古墳 しもいけやまこふん

天理市成願寺町／古墳時代前期前葉／前方後方墳／墳長120m
中山支群から谷を隔てた北側に位置する。前方部を南に向け、前方部
は2段、後円部は2段以上の築成、葺石はあるが埴輪はない。1995・
96年に後円部埋葬施設の発掘調査があり、高野槇製の刳抜式木棺を
おさめた合掌式の竪穴式石槨がみつかった。石釧、玉類、鉄製品が出
土した。主槨の北西では副葬品埋納専用の副槨があり、内部から大型
仿製内行花文鏡が出土した。

2002.11

西山古墳 にしやまこふん

天理市杣之内町／古墳時代前期後葉／前方後方墳／墳長183m

古墳時代の集落として著名な布留遺跡の南方にある。列島最大の前方後方墳で3段築成だが、前方後方形の第1段に前方後円形の墳丘を重ねた特異な平面形状を示す。前方部は西向き、後円部の埋葬施設は竪穴式石槨とみられている。埴輪、葺石、周濠が備わる。北側に7世紀前半の大型円墳の塚穴山古墳（写真左側）が見える。巨石を用いており、壁面構成は石舞台古墳に似る。

写真上方は天理大学のキャンパス。
草木が枯れる冬場には、
巨大な前方後方墳の姿がよくわかる。

45

2COC.3

桜井茶臼山古墳 さくらいちゃうすやまこふん

桜井市外山／古墳時代前期前葉／前方後円墳／墳長200m

初瀬川支流の粟原川左岸（写真左）、鳥見山から北にのびる丘陵の先端にある。前方部は南向きで、開かずまっすぐにのびる。柄鏡形前方部の典型例である。自然丘陵を整形して前方部2段、後円部3段につくられた。周辺には長方形の周濠相当の区画が見える。1949年ににじまる発掘調査では、後円部に狭長な竪穴式石槨がみつかり、内部に木棺が残っていた。2009年の再調査では、81面以上の銅鏡片が出土した。後円部の方形壇施設に二重口縁壺を用いるが、円筒埴輪の使用はない。箸墓古墳に後続する大型前方後円墳として注目される。

丘陵の尾根を利用してつくられたことが
わかる角度を探して撮影した。
いかがだろうか。

1998.4

メスリ山古墳出土の
巨大円筒埴輪には度肝を抜かれる。
奈良県立橿原考古学研究所附属博物館の
古墳時代展示室入口で来館者を迎えている。

メスリ山古墳 めすりやまこふん

桜井市高田／古墳時代前期後葉／前方後円墳／
墳長224m

寺川左岸、阿部丘陵の南端に築かれた大型前方後円墳。前方部を西に向ける。墳丘は3段築成、埴輪と葺石がある。高さ240cmを超える大型円筒埴輪が、後円部頂上に樹立していたことで有名である。1959年の発掘調査では、竪穴式石槨に並んで副葬品埋納専用の副槨がみつかった。副槨内からは、鉄製弓や200本以上の鉄製ヤリが出土した。築造勢力における鉄の大量供給、消費を特徴づける。倉橋、多武峰方面（写真奥）が見える。

黒塚古墳と私

　1997年、黒塚古墳の第3次発掘調査で三角縁神獣鏡が33面も発見された。「戦後考古学最大級の発見」と新聞・テレビが大きく報道し、考古学者や古代史ファンが連日発掘現場に詰めかけた。

　翌年1月17、18日に行われた現地説明会には、2万人を超える見学者が長蛇の列をつくった。私もその中の一人で、寒中に長時間ならんでやっと墳頂の石室をのぞき込んだ。地中からおよそ1700年ぶりに掘り出された大量の鏡を間近で見たときの興奮が、20年経った今も昨日のようによみがえる。

　後に黒塚古墳公園に天理市立黒塚古墳展示館がオープンし、鮮やかな水銀朱の石室や三角縁神獣鏡のレプリカが展示された。壁面の解説パネルの中に、私が撮影した航空写真が使われている。また近年、調査報告書制作のために黒塚古墳出土遺物の撮影を依頼され、三角縁神獣鏡33面とじっくり対面する機会を得た。

　28ページの写真は、1978年秋、セスナ機に乗って大和古墳群を撮影した帰りに、当時はあまり注目されていなかった黒塚古墳を偶然、たった一枚撮影したもの。それから40年の長きにわたって黒塚古墳に関わってきたことに不思議な縁を感じている。

佐紀古墳群ほかを飛ぶ

奈良盆地の北部、平城京跡の背後の佐紀丘陵に、4世紀から5世紀のヤマト政権の大王墓と考えられる、周濠をもつ大型前方後円墳が7基、東西に広がっている。空から見ると、古代の盾を並べたようで、佐紀盾列（たてなみ）古墳群とよばれるのもうなずける。北には木津川が流れ、淀川、大阪湾へとつづく。この河川交通の要衝にあることを1枚の写真に表現するため、6月の快晴の日に、大阪南港の舞洲ヘリポートから小型ヘリコプターで飛び立ち、南から撮影した。奈良盆地にある古墳群のなかで、佐紀古墳群が一番、水運の利便性がよいところにあることを航空写真から読み取ることができる。

佐紀古墳群 さきこふんぐん

平城京の北側は、古く「奈良山」とよばれた起伏の少ない丘陵となる。丘陵の東半を佐保丘陵、西半を佐紀丘陵とさらに区別してよばれている。佐保丘陵には奈良時代の墳墓、佐紀丘陵には古墳時代前期後葉から中期後葉までつづく大古墳群の佐紀古墳群が築かれた。4〜5世紀のヤマト政権を考えるうえで、欠くことができない古墳群である。平城宮第1次大極殿（写真手前左）の北側に前方部を南に向けた7基の巨大前方後円墳が並ぶ。さらに丘陵の向こう側は、南山城盆地である。東から北へと流れを変える木津川（写真奥）が見える。古墳群が交通の要衝近くに築かれたことがわかる。

2017.6

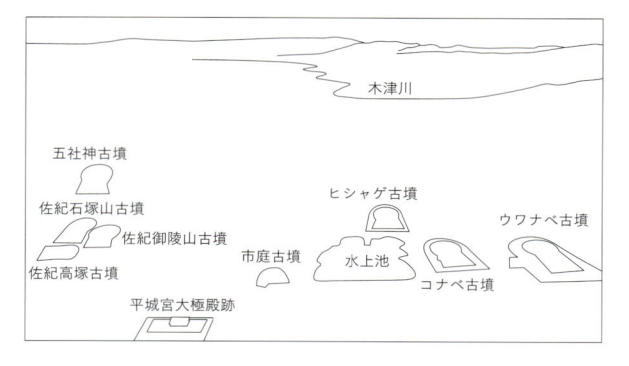

木津川

五社神古墳

佐紀石塚山古墳

ヒシャゲ古墳

ウワナベ古墳

佐紀御陵山古墳

佐紀高塚古墳

市庭古墳

水上池

コナベ古墳

平城宮大極殿跡

真西から佐紀古墳群を俯瞰する。
手前のまとまりが西群、中央やや奥が東群。
その向こう芝生の山肌が若草山で、
奥に東大寺大仏殿の屋根が見える。
中央右端は平城宮跡。

1988.1

佐紀古墳群・西群

佐紀丘陵の西部には、古墳時代前期後葉から中期初葉の古墳が集中する。佐紀古墳群の西群である。西群は、地形や墳丘の構成からさらに2つの支群に分かれる。北側から大型前方後円墳の五社神古墳（写真奥左側）、佐紀石塚山古墳、佐紀御陵山古墳（写真中央）などの一群と、谷を隔てた東側の中型前方後円墳の塩塚古墳（写真奥右側）、瓢箪山古墳などの一群に分かれる。西側の丘陵の下には秋篠川（写真手前左）が南流する。

1993.5

　３基の前方後円墳が、互いに接して築かれている。佐紀石塚山古墳（写真手前）は、後円部埋葬施設に長持形石棺が採用されている。鍵穴形の周濠がめぐる。外堤北東側では陪塚となる方墳３基（写真手前左）がある。陪塚をともなう初期の事例である。佐紀御陵山古墳（写真奥左）は、後円部に長大な竪穴式石槨があり、そのうえに方形壇が設けられていた。開きの少ない盾形周濠がみえる。いずれも大型前方後円墳で主軸は南北方向、前方部を南に向ける。一方、主軸が東西方向で前方部を西に向けたのが佐紀高塚古墳（写真右）である。中型前方後円墳であり、直交した配置は階層的な営みを示すものだろうか。

佐紀御陵山古墳 さきみささぎやまこふん

奈良市山陵町／古墳時代前期後葉／前方後円墳／墳長207m

佐紀石塚山古墳 さきいしづかやまこふん

奈良市山陵町／古墳時代前期後葉／前方後円墳／墳長218m

佐紀高塚古墳 さきたかつかこふん

奈良市山陵町／古墳時代前期後葉／前方後円墳／墳長127m

2002.11

五社神古墳 ごさしこふん

奈良市山陵町／古墳時代前期末葉―中期初葉／
前方後円墳／墳長267m

佐紀古墳群西群のなかでも北側の高い位置にあり、丘陵尾根
を切断して後円部を設けている。後円部4段、前方部3段の
築成で、鍵穴形周濠がめぐる。外観上に認めることはできな
いが、発掘調査の結果、前方部西側ではくびれ部にかけて周
濠内への張り出し部分が存在することが判明した（写真左）。
造り出しの初期の事例となる可能性が高い。笊形土器や小型
壺の採集があり、祭祀に用いられたものと考えられている。

1988.1

市庭古墳 いちにわこふん

奈良市佐紀町／古墳時代中期前葉／前方後円墳／墳長253m
佐紀古墳群中央群にある。かつては直径100mの大型大円墳
とみられていたが、1960年代の発掘調査で、平城宮の造営
で前方部が削られた大型前方後円墳であったことが判明し
た。史跡整備により前方部と盾形周濠が地上表示される。奈
良時代には、周濠は埋め立てられ庭園に変えられた。残され
た後円部は借景となった。一方、前方部側は内裏北外郭官衙
とよばれ、平城宮を維持する諸施設の建物が建つ。周濠の西
南隅を通過する南北道路は、京都へつづく「歌姫街道」（写真
左側）である。

1938.1

佐紀古墳群・東群

佐紀丘陵の東西に大きく3群に分かれて分布する。西群（写真奥）、
中央群（写真中央左上）、東群（写真手前）のそれぞれに大型前方後
円墳が含まれる。おおむね西群から中央群、東群へと時期とともに
変遷する。奈良時代には、一帯は松林苑とよばれる平城宮に付設す
る庭園となる。八上池（写真中央奥）、水上池（写真中央）も奈良時
代の庭園にとり込まれた可能性がある。

2002.11

東群を構成する3基の大型前方後円墳がならぶ。大阪の百舌鳥・古市古墳群の盛期にあたる5世紀代の築造である。コナベ古墳（写真中央右）、ウワナベ古墳（写真奥）、ヒシャゲ古墳（写真手前）の順序でつくられた。いずれも、佐紀丘陵の先端にあり、前方部を南に向ける。コナベ古墳は両側のくびれ部に、大きな造り出しがある。幅約40ｍの広い盾形周濠がめぐり、二重となる。西側外堤に沿って陪塚がならんでいる。東側にはウワナベ古墳がある。北西側には佐紀古墳群で最後の大型前方後円墳となるヒシャゲ古墳がある。盾形周濠が二重にめぐり、内堤上の円筒埴輪列が確認されている。

コナベ古墳 こなべこふん

奈良市法華寺町／古墳時代中期前葉／前方後円墳／墳長208.5m

ヒシャゲ古墳 ひしゃげこふん

奈良市佐紀町／古墳時代中期後葉／前方後円墳／墳長219m

2002.11

ウワナベ古墳 うわなべこふん

奈良市法華寺町／古墳時代中期中葉／前方後円墳／墳長255m

前方部は長く、西側に造り出しがある。幅の広い盾形周濠がめぐり、外堤の外の外周溝も含めて二重となる。東側外堤（写真右）は国道24号の道路下にある。道路工事前の1969・70年の発掘調査では、東側外堤上の内外両側に円筒埴輪列があることがわかった。それに先立つ1945・46年には占領米軍のキャンプ施設建設のために陪塚の大和6号墳が削られた。後円部側にあたる北側のほぼ主軸線延長上（写真中央奥）にあり、大量の鉄鋌が出土した。5世紀の鉄の流通と消費を考える資料である。

2017.6

宝来山古墳 ほうらいさんこふん

奈良市尼辻西町／古墳時代中期初葉／
前方後円墳／墳長227m

西の京丘陵にも古墳のまとまりがある。佐紀古墳群
の南群として理解されることもある。宝来山古墳は
その中心となる大型前方後円墳。前方部を南東に向
ける。幅の広い同一水面にめぐる鍵穴形周濠がめ
ぐる。江戸時代末期の盗掘記録から長持形石棺があ
るとみられる。周囲には中小規模の円墳や方墳があ
り、階層的な営みがある。北西に大型円墳の兵庫山
古墳（写真奥中央）がある。

墳丘は樹木におおわれているが、
わずかに段築を確認できる。
写真上方に見えるのは唐招提寺。

2017.6

若草山と東大寺。
若草山の頂上に古墳があることをご存じだろうか。

2010.5

鶯塚古墳 うぐいすづかこふん

奈良市春日野町／古墳時代中期前葉／前方後円墳／墳長103m
若草山頂にある前方後円墳。内行花文鏡や滑石製の斧形石製品、家形・舟形埴輪の出土がある。奈良盆地の多くの前方後円墳が当時の集落近くに築かれたのに対して、標高差のある山頂に選地された。後円部頂上にある「鶯陵」の石碑は、江戸中期の地理学者の並河誠所が享保18（1733）年に建てたものである。

2017.6

2017.6

若草山上空から古都奈良盆地を一望する。
若草山頂上の古墳は、清少納言「枕草子」に登場する
鶯陵（うぐいすのみささぎ）とする説がある。
東大寺大仏殿、平城京、そして生駒山を遠望。

2017.6

杉山古墳 すぎやまこふん

奈良市大安寺町／古墳時代中期中葉／前方後円墳／墳長154m

奈良市街地にある中型前方後円墳。春日山麓の丘陵を利用して築かれており、前方部を南に向ける。東側くびれ部には造り出しがあり、盾形周濠がめぐる。古墳は、奈良時代には大安寺の境内にとり込まれ「池井岳」として資財帳に記載された。前方部南斜面には瓦窯が設けられた。現在の大安寺境内（写真奥右側）が南側に見える。

2017.6

藤ノ木古墳 ふじのきこふん

生駒群斑鳩町法隆寺西／古墳時代後期後葉／円墳／直径48m

斑鳩の法隆寺（写真奥）の西約350mにある古墳時代後期後葉の大型円墳。
奈良盆地の諸河川がひとつとなる大和川右岸にあたる。全長約14mの大
型横穴式石室があり、内部に家形石棺をおさめる。1985・88年の発掘調査
で、石棺外から金銅装馬具、須恵器類、石棺内からは、装身具を含む豊富
な副葬品がみつかった。棺内は未盗掘で被葬者は2人である。円筒埴輪・
形象埴輪の出土がある。奈良県内では最終の埴輪使用例である。

藤ノ木古墳の金銅製馬具

　藤ノ木古墳の発掘調査は、1985年の夏に始まった。

　家形石棺と奥壁の隙間からは金銅製馬具などがみつかり、埋葬後開けられたことのなかった朱塗りの石棺からは、銅鏡・太刀・金銅製冠・金銅製履・ガラス玉など1万2000点を超える副葬品があらわれた。調査が進みマスコミ各社の報道が流れるたびに、多くの人が古代のロマンに沸き立った。

　私は、奈良県立橿原考古学研究所附属博物館から図録に使用する写真撮影の依頼を受け、藤ノ木古墳出土の副葬品を実見する機会を得た。出土直後には泥をかぶり、緑青色をしていた金銅製の鞍金具・後輪（国宝に指定）が、保存処理されて目の前にあらわれた時には、1400年の時空を超え、金色に光り輝き、その豪華さには目を見張った。

　精巧な彫金技法で亀甲文に区画した中に、象・獅子・鳳凰・唐草文・兎・龍・怪魚などを配している。その中の象を見たとき、戦後間もない子どもの頃、上野動物園に入園した時に胸につけてもらったバッジの象を思い出した。

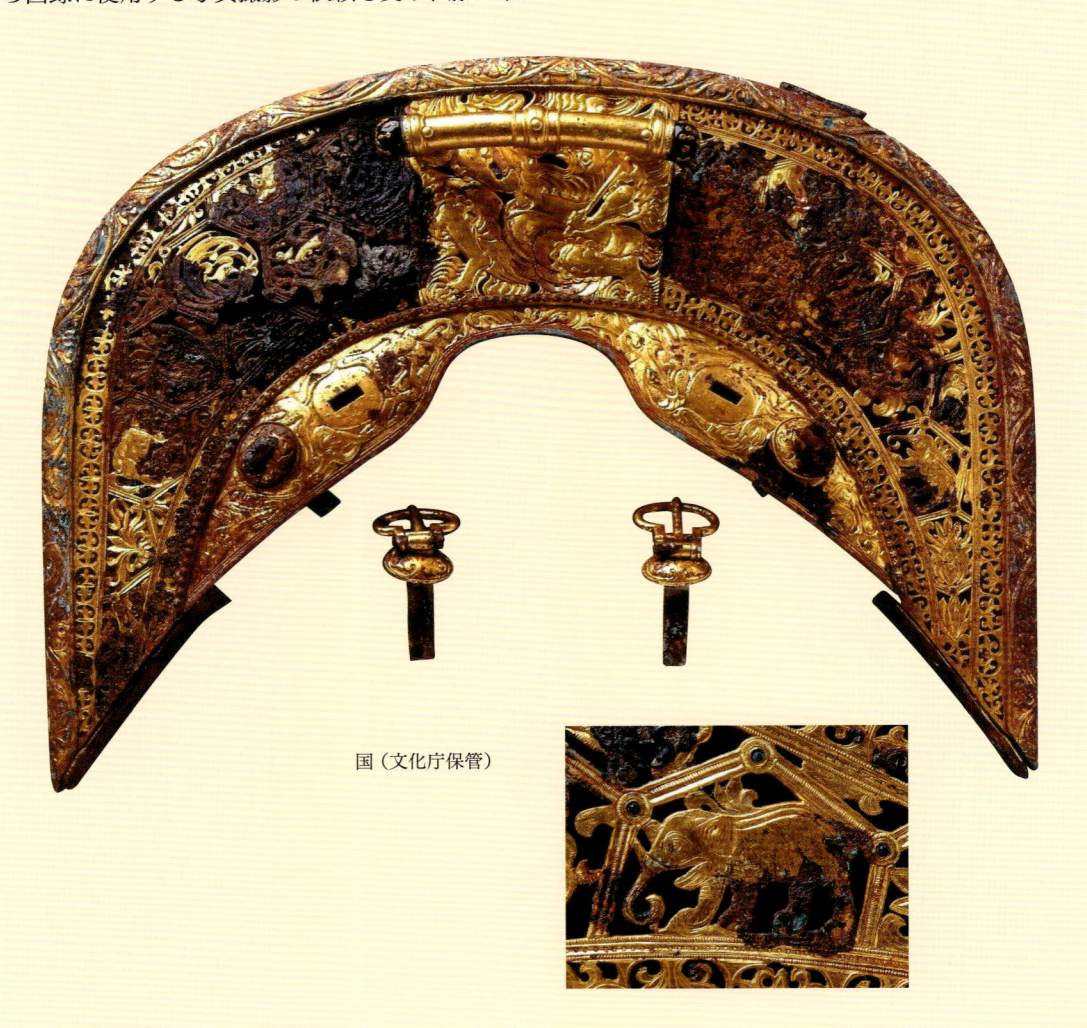

国（文化庁保管）

馬見古墳群、葛城を飛ぶ

梅雨の晴れ間、青葉の美しさをねらって、八尾飛行場をテイク・オフ。大和川・石川上空から東に飛び、二上山の雄岳・雌岳を左下にながめながら、日本最古の官道ともいわれる竹内街道上空を通過すると、奈良盆地南西部に至る。そこに南北7キロ、東西3キロにわたる馬見丘陵の古墳群が広がっている。古墳は250基を超え、北群・中央群・南群の三つに分けられている。空から見ると、古墳の周辺は宅地開発が進み、グリーンベルトで古墳群と確認できる。葛城山、金剛山をバックに、5世紀に大王家の外戚として活躍したとされる古代豪族・葛城襲津彦に想いを馳せてシャッターを切った。

大きく蛇行する大和川。左手に朝靄の中に畝傍山の頂上が見える。
右手は葛城山、金剛山、吉野大峯の山々。
朝靄の下に馬見古墳群がある。
箸墓古墳を撮影した後、八尾飛行場へ帰港する途中に
パノラマカメラで撮影。

1988.1

中央を奥につづくグリーンベルトが馬見丘陵。
そこに馬見古墳群が展開する。
写真上方、南に葛城山、金剛山を遠望する。

2002.6

1992.10

馬見古墳群の北端、北葛城郡河合町一帯は、
大和盆地の諸河川が合流し大和川となる地点。
大和川はここから亀の瀬を通過し河内平野を流れ、やがて難波の海に。
手前の前方後円墳が川合大塚山古墳、奥に周濠が見えるのが島の山古墳。
川合大塚山古墳の左斜め上、左右に細長い森は、
「砂かけ祭」が有名な廣瀬神社。

1992.12

島の山古墳は大和川の交通の要所を
押さえた場所にあることがわかる。

1978.9

島の山古墳 しまのやまこふん

磯城郡川西町唐院／古墳時代中期初葉／前方後円墳／墳長200m

奈良盆地中央部で磯城郡の北西端となる寺川左岸の微高地上に築かれた（馬見古墳群に含むとする説と、河川流域が異なるため、別とする説がある）。前方部を南東に向ける。墳丘は3段築成、同一水面でめぐる盾形周濠がある。発掘調査で東西くびれ部に造り出しのあることが判明した。1996年には前方部の粘土槨が調査され、銅鏡・玉類と大量の腕輪形石製品が出土した。墳丘外の周辺に、竜山石の石材が存在する。後円部の竪穴式石槨の天井石が持ち出されたものと推測されている。南側一帯に中期後葉から後期に築かれた三宅古墳群がある。

1978.9

川合大塚山古墳 _{かわいおおつかやまこふん}

北葛城郡河合町川合／古墳時代中期中葉／
前方後円墳／墳長197m
馬見丘陵北端に築かれた大型前方後円墳で、周辺の
古墳とともに馬見古墳群北群を構成する。墳丘は3
段築成、二重の盾形周濠がとり巻く。周濠は水田に
地割を残す。埋葬施設は竪穴式石槨とみられる。盾
を柱に付けた家形埴輪が採集されている。

上空から見て確認しやすい巨大古墳。
周濠跡には黄金の稲穂が実り
古墳が一段と美しく見える。

2002.6

南から馬見古墳群のほぼ全体を撮す。
写真上方の山裾には法隆寺がある。

2017.6

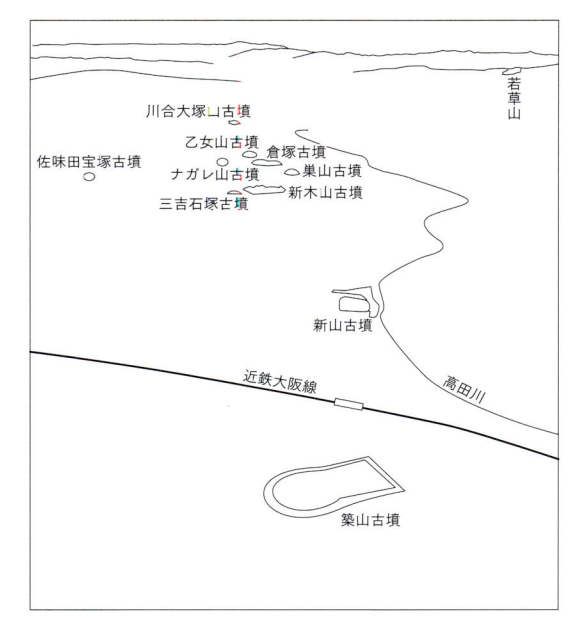

川合大塚山古墳
乙女山古墳
倉塚古墳
佐味田宝塚古墳
ナガレ山古墳
巣山古墳
三吉石塚古墳
新木山古墳
若草山
新山古墳
近鉄大阪線
高田川
築山古墳

馬見古墳群の中央部を南からのぞむ。

倉塚古墳 くらづかこふん

北葛城郡河合町／古墳時代中期中葉／前方後円墳／墳長180m
馬見古墳群の中央群を構成する。低めの前方部を東側に向ける。
周囲から、円筒棺の検出がある。西側には整備されたナガレ山古
墳（写真奥左側）、北側には帆立貝形の乙女山古墳（写真奥右側）、
南側には道路で寸断された狐塚古墳（写真手前左）が見える。

2002.11

2002.11

乙女山古墳
おとめやまこふん

北葛城郡河合町佐味田・広陵町寺戸／
古墳時代中期前葉／帆立貝形前方後円墳／墳長130m
馬見古墳群の特色のひとつは、前方部が極端に短い帆立貝形前方後円墳が多く築かれていることである。なかでも中央群の乙女山古墳は、宮崎県西都原古墳群の男狭穂塚古墳につぐ列島第2位の規模となる。後円部側にある造り出しでは、円筒埴輪列の存在が確認された。周濠が周囲の地割に反映した様子が確認できる。埋葬施設は粘土槨とみられ、滑石製模造品や玉類が出土している。

2017.6

佐味田宝塚古墳 さみたたからづかこふん

北葛城郡河合町佐味田／古墳時代前期末葉／
前方後円墳／墳長111.5m
馬見丘陵の中心部に立地する。前方部を北東に向けた2段築成の中型前方後円墳。円筒埴輪と形象埴輪がある。1881年に盗掘があり、36面の銅鏡をはじめ玉類、滑石製模造品などが出土した。なかでも4棟の建物を意匠した家屋文鏡は、首長層にかかわる建造物の相違を示した資料として注目される。

2017.6

1998.4

巣山古墳 すやまこふん

北葛城郡広陵町三吉／古墳時代中期初葉／前方後円墳／墳長220m

馬見古墳群中央群を代表する大型前方後円墳。馬見丘陵の東縁辺部に
築かれた。前方部は北向き、墳丘は3段築成、両側くびれ部に造り出
しがある。同一水面でめぐる周濠と幅のある外堤をもつ。後円部頂上
には、東西にならぶ2基の竪穴式石槨がある。2000年にはじまる発
掘調査では、前方部西側周濠内に中島、また前方部第1段と陸橋でつ
ながった出島状施設がみつかり、囲形・家形・水鳥形埴輪などが置か
れていた。また前方部東側周濠では、長持形木棺蓋や船材の出土があ
り、葬送儀礼にかかわるものと考えられている。西側には、整備され
た帆立貝形前方後円墳の三吉2号墳（写真奥右側）が見える。

2017.6

ナガレ山古墳 <small>ながれやまこふん</small>

北葛城郡河合町佐味田／古墳時代中期前葉／前方後円墳／墳長105m

巣山古墳（写真奥）の北西にある中型前方後円墳である。1975年に土取り事業があり、緊急調査と保護処置がなされた。前方部を南東に向ける。墳丘は2段築成で、葺石や円筒埴輪列を備える。埴輪は墳丘第1段裾部にも樹立する。東側くびれ部から前方部よりに墳丘に直交する2列の埴輪列があり、墳丘に上がる通路を示したものと考えられている。発掘調査により前方部の埋葬施設が粘土槨になることが判明している。棺外から刀形・スキ先形・鎌形鉄製品が出土した。整備は東半分を復元、西半分を現況とする方法がとられた。

縦半分だけ当時の葺石と埴輪列を
復元してある様子がわかるように撮影。

2017.6

新木山古墳は巣山古墳の南にあり、巣山古墳とほぼ同規模で同時期の大型前方後円墳である。前方部を東に向け、両側くびれ部に造り出がある。墳丘は3段築成で、1882年の既掘で後円部に竪穴式石槨があることが判明した。凝灰岩製の石材とする観察がある。円筒埴輪のほかに壺形、蓋形、家形、短甲形の形象埴輪がある。盾形周濠と外堤が田畑の地割として観察できる。外堤の外には区画溝が存在する。主軸線延長上の西側には、帆立貝形前方後円墳の三吉石塚古墳（写真手前）が築かれた。新木山古墳の陪塚と考えられたこともあったが、発掘調査の結果、中期後葉の築造となることが明らかになった。現在、復元整備されたすがたを見ることができる。

新木山古墳 にきやまこふん

北葛城郡広陵町赤部／古墳時代中期前葉／前方後円墳／墳長200m

三吉石塚古墳 みつよしいしつかこふん

北葛城郡広陵町赤部／古墳時代中期後葉／帆立貝形前方後円墳／墳長45m

1993.12

築山古墳 つきやまこふん

大和高田市築山／古墳時代前期末葉—中期初葉／
前方後円墳／墳長220m
馬見丘陵の南端に築かれた大型前方後円墳。前方部を東に向け、後
円部は4段、前方部は3段の築成とみられる。開きの少ない盾形周
濠がめぐるが、南側（写真左）では二重周濠となる可能性がある。
有黒斑の鰭付き円筒埴輪が備わる。周囲に大型円墳のコンピラ山古
墳（写真手前）、茶臼山古墳（写真奥左側）、カン山古墳（写真奥右
側）があり、階層性のある営みを見せる。なお南側に見える前方後
円墳は、古墳時代中期後葉の狐井塚古墳（写真手前左）である。

1998.4

新山古墳 しんやまこふん

北葛城郡広陵町大塚／古墳時代前期後葉／前方後方墳／墳長126m
馬見古墳群の南群でいちはやく築かれた前方後方墳である。高田川
左岸（写真手前）の低丘陵上に築かれている。馬見ニュータウンの
住宅地が周辺に広がる。前方部は南向き、1885年に後方部の竪穴
式石槨が開けられて、直弧文鏡はじめ銅鏡34面、腕輪形石製品、蛇
紋岩製の台形石製品、金銅製帯金具がとり出された。帯金具は舶載
品で中国晋代の製作とみられる。古墳時代前期の実年代を考える考
古資料である。1980・81年には後円部側の墳丘裾の発掘調査があ
り、埴輪棺などがみつかっている。

2017.6

狐井城山古墳 きついしろやまこふん

香芝市狐井／古墳時代後期前葉／前方後円墳／墳長140m

馬見丘陵から南西の微高地上にあり、前方部を北東に向ける。北側に規模不明の狐井稲荷山古墳があるが、単独的な営みを示す。埴輪、葺石があるが、墳丘は中世城郭に利用されたため変形が著しい。幅が広く開いた盾形周濠がある。周辺では竜山石製の長持形石棺の部材が複数、橋などに転用されている。墳丘から搬出された蓋然性が高い。後期古墳としては、顕著な規模を示すことで知られる。

北東上空から室宮山古墳と金剛山東麓をのぞむ。
そこには朝鮮半島から新しい技術を持って
葛城の王を支えた渡来系集団が住んだとされる南郷遺跡群がある。

2008.5

南東上空から室宮山古墳と葛城山、二上山をのぞむ。
葛城山東麓一帯は古代葛城の勢力を支えたとされる人びとの
小さな墓が数多くある。

2008.5

2008.5

室宮山古墳上空より水越峠をのぞむ。
この峠を越えると、現在の大阪府で唯一の村、千早赤阪村に至る。
南北朝時代の武将楠木正成の出身地といわれている。

1993.10

室宮山古墳 むろみやややまこふん

御所市室／古墳時代中期前葉／前方後円墳／墳長238m

奈良盆地南西部の葛城地域に築かれた大型前方後円墳。室大墓古墳の別称もある。背後の丘陵に巨勢山古墳群（写真右側）がある。前方部を西側に向け、墳丘は3段築成である。北側くびれ部に造り出しがあるのに加えて、前方部の南北両側に張り出し部がある。埋葬施設は後円部以外に、前方部や張り出し部にもある。盾形周濠がめぐる。北側の外堤に接して方墳のネコ塚古墳（写真手前左）があり、陪塚と考えられている。後円部頂上には南北に2基の竪穴式石槨があり、長持形石棺がおさめられている。盾形、靫形、家形、冑形、草摺形などの形象埴輪が樹立する。また伽耶地域から舶載された船形の陶質土器などの採集がある。交通の要衝に築かれた。西側に葛城川が流れ、葛城山と金剛山の間にある水越峠を越すと南河内地域に至る。また南側は五條から紀伊につながる。

巨勢山から北東にのびる丘陵の先端に
つくられたことをわかるように撮影。
墳丘に登ると、金剛山、葛城山が
目の前に迫る雄大な景観をのぞむことができる。

1984.11

掖上鑵子塚古墳 わきがみかんすづかこふん

御所市柏原／古墳時代中期中葉／前方後円墳／墳長150m
玉手丘陵から須坂峠（写真手前）を越えた奥まった位置に築かれている。西南に向けた短めの前方部をもつ。墳丘は前方部2段、後円部3段の築成で周濠は水田となり、よく形状を保っている。後円部頂上には長持形石棺がおさめられていたとみられる。既掘があり、金銅製帯金具や琴柱形石製品の出土があった。葺石と埴輪列があり、水鳥形、冠帽形、冑形などの形象埴輪がある。周濠は前方部の南側でゆがむが、これは先行する円墳の掖上鑵子塚南古墳（写真右側）が存在したためである。

上空から観察すると、
自然丘陵を切断してつくられたことがわかる。
周濠跡がそのままの形で水田となっている。

2008.5

屋敷山古墳 やしきやまこふん

葛城市新庄／古墳時代中期後葉／前方後円墳／墳長135m

葛城山麓にある中型前方後円墳。前方部を北に向ける。戦国末期、城郭に利用されたため、墳丘の変形が著しい。周囲に池が存在したが、周濠の存否については不明である。1974年の発掘調査では、竜山石製の長持形石棺の蓋石が出土した。また縄掛突起をもつ竪穴式石槨の天井石の存在もあるが、埋葬施設は大きく損傷したものとみられる。出土埴輪には家形・盾形埴輪などがある。

市尾墓山古墳 いちおはかやまこふん

高市郡高取町市尾／古墳時代後期前葉／前方後円墳／墳長66m

奈良盆地南部の巨勢谷（写真左側手前から奥）に向かう入口の平地部分に築かれた古墳時代後期の前方後円墳（写真中央手前）。前方部を北西に向け、墳丘は2段築成で円筒埴輪が備わる。盾形周濠と外堤がめぐる。後円部の横穴式石室の内部には家形石棺が置かれていた。奈良盆地の前方後円墳における横穴式石室の採用としては、早い事例となる。国見山（写真中央）を経て、金剛山（写真奥左側）と葛城山（写真奥右側）が見える。

2010.5

2010.5

写真上／整備前の市尾墓山古墳
写真下／整備後の市尾墓山古墳

畝傍山上空から奈良盆地南西部、
左から金剛山、葛城山、双耳峯の美しい二上山を遠望して
パノラマカメラで撮す。
現在は京奈和自動車道が盆地内を南北に通り、
空からの景観も変わってしまった。
山々を越えると、百舌鳥・古市古墳群、大阪湾（茅渟海（ちぬのうみ））が広がる。

1987.9

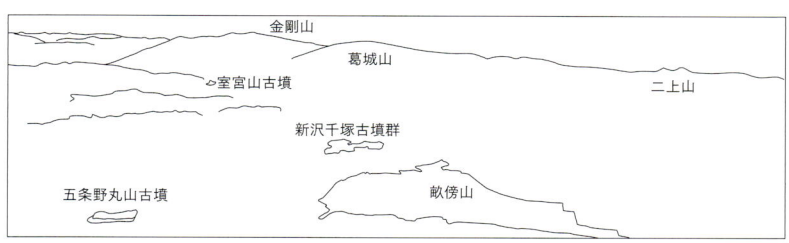

金剛山
葛城山
室宮山古墳
二上山
新沢千塚古墳群
五条野丸山古墳
畝傍山

埴輪の動物園

　『はにわの動物園』（千賀久著、保育社カラーブックス、1994年）の企画で奈良県立橿原考古学研究所附属博物館で埴輪を撮影していたときのこと。カバー写真に、埴輪を中庭にならべて撮ろうということになった。動物園をイメージして樹をバックに、飾り馬・鶏・鹿・猪・犬の埴輪（四条古墳出土）をならべ、逆光で影を意識して撮影した。

　古墳時代を代表する出土品の埴輪、なかでも人物・動物埴輪は大人から子どもまで人気がある。石見遺跡から出土した人物埴輪「椅子に座る男性像」をモデルにした奈良県立橿原考古学研究所附属博物館のマスコット「イワミン」は来館者に好評で、案内・広報係として活躍している。

飛鳥を飛ぶ

飛鳥は、野口王墓古墳（天武・持統天皇陵）や石舞台古墳といった終末期の古墳が点在する地。なかでも奈良盆地最大の後期の前方後円墳、五条野丸山古墳が住宅の海に浮かんでいるように見える。上空からは、前方部の一部が国道によって削られている様子が確認できる。飛鳥を飛ぶ時は、必ず石舞台古墳上空を飛行する。巨石周辺にいつも見学者がいる。人気スポットであることがわかるように、お揃いの制服を着た学生も入れてシャッターを切る。帰りは、奈良と大阪の境、葛城山と金剛山の間の水越峠上空を、雲に乗って仙人と遊んだという役行者の気分で通過し、八尾飛行場に着陸した。

耳成山上空から藤原京跡、遠方に神聖な山々、
吉野山の大峰山系をのぞむ。その手前が飛鳥の地である。

2010.5

飛鳥の終末期古墳が点在する
檜隈（ひのくま）の地の南上空より
飛鳥の地を撮影する。
30年前の撮影で、
今はかなり景観が変わってしまった。

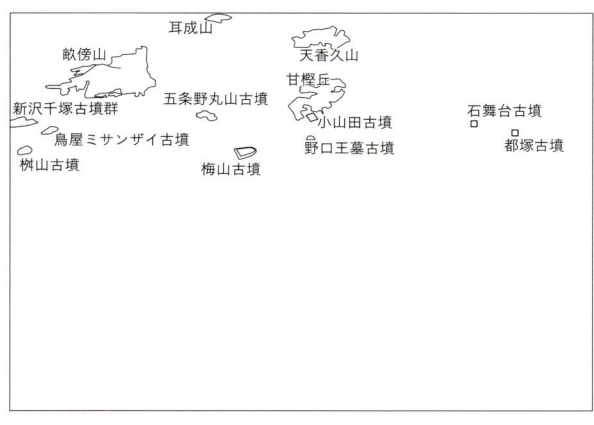

1987.6

飛鳥の西側を流れる高取川右岸（写真手前）に五条野丸山古墳（写真手前左側）と梅山古墳（写真手前右側）がある。飛鳥時代はじめの6世紀末葉前後に築かれた。近畿中部では最後の前方後円墳となる2基である。五条野丸山古墳から東につづく丘陵は「大野丘」とよばれた蓋然性が高い。丘陵を越え、豊浦を経て飛鳥川（写真中央）に至る。梅山古墳から東へは、野口王墓古墳（天武・持統天皇陵）から橘を経て飛鳥川に至る。その東側にあたる飛鳥川右岸には、飛鳥寺や飛鳥宮が営まれた。現在は水田地帯となる。さらに山麓から丘陵（写真奥）にかけては、「飛鳥岡」として『日本書紀』や『続日本紀』に登場する。

1993.10

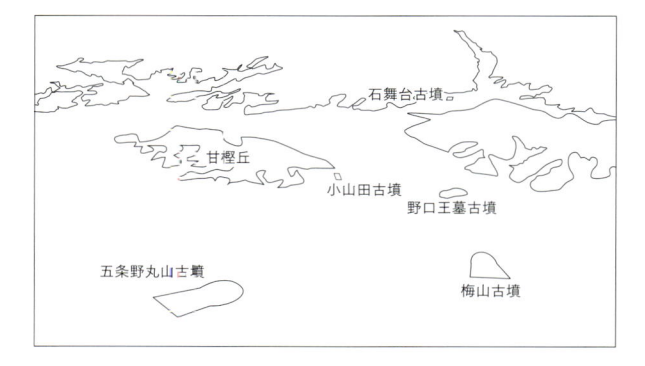

石舞台古墳

甘樫丘

小山田古墳

野口王墓古墳

五条野丸山古墳

梅山古墳

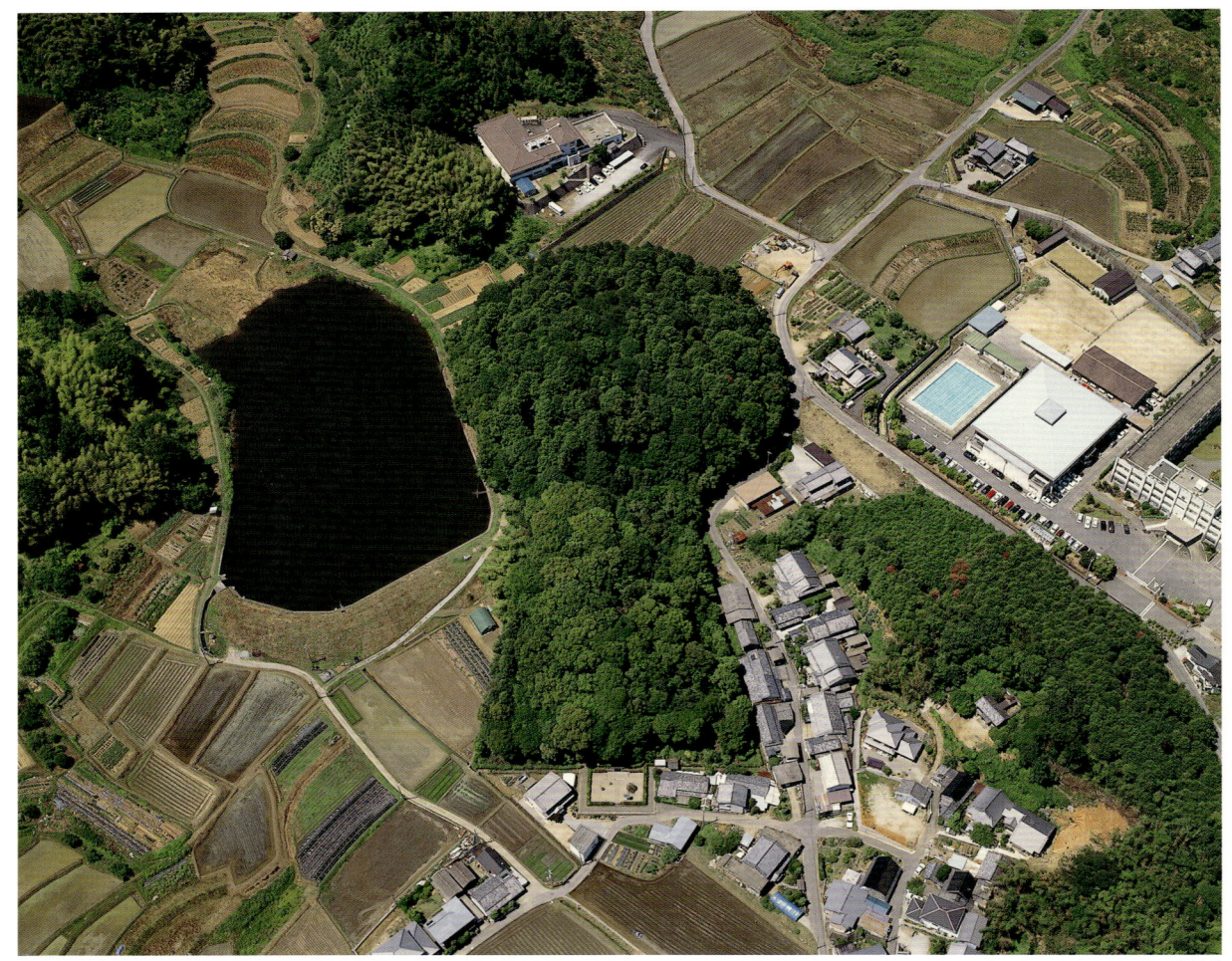

1999.6

桝山古墳 <small>ますやまこふん</small>

橿原市北越智町桝ヶ山・鳥屋町久保／古墳時代中期前葉／方墳／一辺85m
貝吹山から北にのびる尾根の先端を利用して築かれた古墳時代中期の大型
方墳である。3段築成で、有黒斑の円筒埴輪がともなう。近代の陵墓施策
のなかで外郭を前方後円形にした。前方部に見える部分は自然丘陵で、墳
丘ではない。後円部にされた側の樹木が直線的に並んでいるのが見える。
方墳の側辺に沿って繁茂したため生じたものだろう。

1993.10

梅山古墳 うめやまこふん

高市郡明日香村平田／古墳時代後期末葉／前方後円墳／墳長142m

五条野丸山古墳から約800m南方に築かれた前方後円墳。「三方山囲み」とよばれる南に開きコの字形となる地形が造り出され、なかに主軸が正しく東西方向になるよう墳丘を設けた。北側が狭く（写真左側）、南側が広い盾形周濠がめぐる。墳丘は2段築成で葺石がおおうが、前方部前面では貼石となる部分がある。南側くびれ部には造り出しがあり、須恵器類が出土した。また、南側の水田の字「池田」（写真右側）からは江戸時代中期に猿石が引き上げられた。

夏場は木々の葉が茂り、群集する古墳をとらえることは難しく、
晩秋から冬場がベストタイミング。
列島に数ある群集墳の中で絵になる群集墳である。

1993.12

1984.11

新沢千塚126号墳
にいざわせんづかひゃくにじゅうろくごうふん

橿原市川／古墳時代中期後葉／長方形墳／
東西一辺22m、南北一辺16m
古墳群が分布する丘陵のうち北側の中央付近（写真中央奥）にある。長方形の墳形は数少ない。低平で群内でも格別の規模ではないが、1963年の発掘調査で豊富な装身具と稀有の副葬品をもった埋葬施設の様子が明らかにされた。刳抜式木棺の外には青銅製熨斗（のし）・漆盤・鉄刀、棺内にはガラス製碗・ガラス製皿・金製方形板・金製垂飾付耳飾・金製螺旋状垂飾・金製指輪・金銅製帯金具などが出土した。遼東半島や朝鮮半島からの渡来系遺物と考えられている。被葬者も渡来文化に深く関係した人物だろう。

新沢千塚古墳群 にいざわせんづかこふんぐん

奈良盆地で有数の群集墳。南北に分かれた低丘陵上に総数600基におよぶ古墳が分布する。古墳時代前期末葉の前方後円墳となる新沢500号墳、中期中葉ごろの長方形墳で国際色豊かな副葬品が出土した新沢126号墳を含むが、大半は中期から後期前半の直径15 mほどの円墳が墳丘裾を接するように築かれている。埋葬施設は木棺直葬のものが多い。蛇行しながら古墳群の西側を流れるのは曽我川（写真左側）、古墳群の東南の丘陵先端には前方後円墳の鳥屋ミサンザイ古墳（写真右側）が見える。

五条野丸山古墳 ごじょうのまるやまこふん

橿原市五条野町・見瀬町・大軽町／
古墳時代後期末葉／前方後円墳／墳長318m

奈良盆地最大の規模となる大型前方後円墳。下ツ道の起終点付近にある。前方部を北西に向け、周囲には幅広い空濠をめぐらせている。東側には外堤が地割として残る。前方部頂上は平らな状態にある。後円部頂上と横穴式石室の開口部分が陵墓参考地（写真左側）で、樹木が繁茂する。江戸時代より横穴式石室に2基の家形石棺がおさめられた合葬墓として知られていた。1991年に閉じられていた石室が不時開口したことで長さ28.4m以上、列島で最長規模の横穴式石室になることが再確認された。西側一帯には、橿原ニュータウンの住宅地が広がり、高取川が鉤の手に曲がり北流する。平安時代には益田池となった。

初冬の景観で、
後方の朝靄に浮かぶ山は金剛山。
古墳周辺に住宅建築の波が
押し寄せている。

1993.12

2017.6

都塚古墳 みやこづかこふん

高市郡明日香村阪田字ミヤコ／古墳時代後期末葉／方墳／一辺42m

史料上にみる飛鳥は、現在の明日香村岡・川原・飛鳥（写真中央）に限られる。しかし、飛鳥時代の宮殿や役所、豪族の邸宅、寺院、古墳は、さらに周辺に広がる。北は耳成山、東は阿部、南は檜隈、西は畝傍山あたり（写真奥左側）までの南北8km、東西6km以上の範囲に及ぶ。都塚古墳（写真手前右、細い道沿いに立木が方形に植えられているところ）は細川（冬野川）と稲渕川（飛鳥川）の合流地点の南東側の丘陵先端にある方墳。大きな家形石棺を置いた横穴式石室が南西に開く。2014年の発掘調査により方形の墳丘が、側面に石を積んだ階段状になることが判明した。石舞台古墳（写真中央右側）に先行し、眺望性にすぐれた高い位置に築かれた。

1992.10

石舞台古墳 <small>いしぶたいこふん</small>

高市郡明日香村島ノ庄／7世紀前葉／方墳／一辺50m

細川谷の入口の東から西へ張り出す丘陵先端に築かれた。横穴式石室の天井石が露出した状態にあり、中世までには石室の封土をなくしたものと考えられる。1933・35年に発掘調査がおこなわれ、貼石による方形の周濠と外堤の存在が明らかになった。巨石を用いた横穴式石室の全長は19.4m以上、内部には家形石棺をおさめていたとみられる。蘇我馬子の「桃原墓」説が有力である。現在、周辺は国営歴史公園として整備される。また、大型建物群や一辺42mの方形池のある島庄遺跡が近在する。

1978.9

明日香村で一番人気の
観光スポット、石舞台古墳。
秋の棚田の中に
方墳が浮かび上がるように撮影。

小山田古墳 こやまだこふん

高市郡明日香村川原／飛鳥時代中葉／
方墳／一辺70m

現在の甘樫丘から南にのびる丘陵先端に営ま
れた方墳である。従来は知られることのない古
墳であったが、2014年に学校校舎の改築事業
にともなう発掘調査によって、新たに確認され
た。貼石と板石積みによる直線の三面石張りの
溝が検出され、大型方墳の北面の掘り割りと推
定された。2017年には、南側で石室羨道部の
石材の抜き取り痕跡がみつかり、墳丘規模が南
北一辺約70mにおよぶことが確定した。飛鳥
最大の方墳となる。

野口王墓古墳 のぐちおうのはかこふん

高市郡明日香村野口字王墓／7世紀末葉／
八角墳／対辺間距離37m

東西にのびる丘陵の東端にある。史料や宮内庁
の1959・61年の調査で、5段で築かれた正八
角形の墳丘になることが確定している。鎌倉時
代の1235年に「盗人」の乱入があった。その実
検記録『阿不幾乃山陵記』よると、「内陣」と記
された玄室にあたる部分と「外陣」と記された
羨道にあたる部分に分かれる。全長は7.7mに
なる。内陣には朱塗りの夾紵棺と金銅製容器が
置かれていたとみられる。夾紵棺には688年に
葬送の天武天皇、金銅製容器には703年に「飛
鳥岡」で火葬された持統天皇が葬られたものと
考えられる。

2017.6

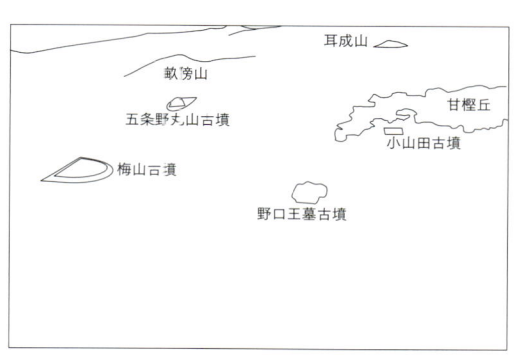

河内側上空より東方向、金剛山と葛城山を手前に奈良盆地をパノラマカメラで撮影。
右手前の山中の集落は千早赤阪村千早地区で、金剛山の登山口がある。

金剛山、葛城山の山並みを真南から撮影。
右手の奈良盆地で始まったヤマト王権による巨大古墳造営は、
その後、左手の河内平野の古市古墳群、百舌鳥古墳群に移動した。
さらにその後、右手奈良盆地の東南、
飛鳥の地で古代国家が産声をあげることになる。

1987.9

1987.9

1984.11

五條猫塚古墳 ごじょうねこづかこふん

五條市西河内町／古墳時代中期中葉／方墳／一辺27m

金剛山東南麓の北宇智の小さな谷間に築かれた方墳。葺石、埴輪、周濠がともなう。かつて竪穴式石槨から金銅製蒙古鉢形眉庇付冑や金銅製透彫鋂帯金具、素環頭鉄剣、鉄製鍛冶具、埴製枕などが出土した。小規模な方墳ながら高句麗や伽耶の武具類との関連性も考慮される。大和と紀伊との中継地ともいえる立地にある。

奈良盆地の南、紀ノ川をぬける谷間、
稲刈り後の棚田の中にある小さな方墳。
高度を下げて撮影した。

1984.11

近内鑵子塚古墳 <small>ちかうちかんすづかこふん</small>

五條市近内町／古墳時代中期中葉／円墳／直径85m

奈良盆地から南へ風の森峠を越えた北宇智にある。一帯は、古墳時代中期〜後期の近内古墳群で、大型方墳と円墳で構成されるのを特徴とする。近内鑵子塚古墳はその中心といえる存在である。向山丘陵の頂上に立地する大型円墳で、墳丘は２段築成、葺石におおわれる。円筒埴輪・形象埴輪が備わる。

紀氏集団が活躍した紀ノ川河口周辺を北から撮影。
右手に和歌浦をのぞむ。紀ノ川左岸の岩橋山塊に
岩橋千塚古墳群がある。

2004.5

2004.5

大谷古墳 おおたにこふん

和歌山市大谷／古墳時代中期後葉／前方後円墳／墳長67m

紀ノ川河口近くの右岸、和泉山脈から南にのびる丘陵上に築かれた。前方部を南西に向ける。後円部に直葬の阿蘇溶結凝灰岩製の組合式家形石棺が発掘調査された。馬冑の出土で知られる。瀬戸内の水運を利用して伽耶地域などから舶載されたものだろう。南側の楠見遺跡では初期須恵器が生産された。渡来文化の将来の拠点となる地域である。

1993.3

紀ノ川の落日。左手に和歌浦をのぞむ。

あとがき

　奈良盆地上空から小型単発機で古墳を撮影して半世紀近くなる。奈良盆地には、纏向・柳本・大和古墳群や佐紀古墳群、馬見古墳群といった大古墳群がつくられ、飛鳥周辺には古墳時代後期から終末期の古墳がつくられた。その後、『万葉集』にうたわれている天香久山・畝傍山・耳成山の大和三山に囲まれて、日本で最初の本格的な都、藤原京の造営がはじまる。上空から見ると、奈良盆地はまるで古代史の宝箱だ。

　なかでも私は、三輪山から龍王山の裾野に広がる纏向・柳本・大和古墳群の景観が一番気に入っている。古代の道「山辺の道」が南北に通り、四季折々に、まほろばの雰囲気をかもし出している。とくに新緑が美しい5月から6月の雨上がりは、山々と古墳周辺の緑が本当にあざやかで、その風景を本書にも数枚収録した。

　撮影時には、上空から古墳探訪を楽しむ人たちをしばしば見かけた。そうした古墳ファン、古代史ファンの人たちに本書を見ていただけたら、そして私の写真から私も気づかなかった古墳の新事実を読みとっていただけたら、望外の幸せである。

　本書刊行にあたっては、今尾文昭さんに各古墳の解説をお願いした。今尾さんが奈良県立橿原考古学研究所附属博物館にいらっしゃるころ、特別展の図録作成のための写真などで仕事をご一緒し、考古学のさまざまなことを教えていただいた。感謝申し上げます。また、奈良県立橿原考古学研究所のみなさんにもお世話になっている。ありがとうございます。

　本書刊行のきっかけは、日本経済新聞社の文化担当部長の竹内義治さんが、文化欄に私の空撮に関する記事「古墳の全貌　空から発掘」を掲載してくれたことにある(2016年5月23日)。その記事を、写真の貸出などで以前から知り合いだった新泉社編集部の竹内将彦さんが読み、今回の出版につながった。両竹内さんにも感謝したい。

　　2018年2月

梅原章一

古墳空中探訪 ［奈良編］

2018年4月10日　第1版第1刷発行

著者——梅原章一
解説——今尾文昭
出版社——株式会社 新泉社
　　　　東京都文京区本郷2-5-12
　　　　電話 03 (3815) 1662
　　　　ファックス 03 (3815) 1422
印刷・製本—東京印書館

梅原章一◎うめはら・しょういち
1945年兵庫県生まれ。
日本写真専門学校卒業。
写真スタジオ、航空写真プロダクションを経て、梅原章一写真事務所を開設。日本写真家協会会員。
1970年代より古墳の空撮をはじめ、今までに撮影飛行した回数は数知れず。全国の古墳を撮影している。2000年にそれらの写真をまとめた『空からみた古墳』（学生社）を刊行。また、奈良県立橿原考古学研究所附属博物館の常設展示図録『大和の考古学』、『図説　日本の古代』（中央公論社）、『日本の古代遺跡』シリーズ（保育社）、報告書『旧西尾家住宅』（吹田市教育委員会）、山東省文物考古研究所編『鑑耀文魯』（中国・文物出版局）、奈良県立橿原考古学研究所ほか編『鏡笵　漢式鏡の制作技術』（八木書店）、『ルイ・ルルー美術館』（光琳社）などの写真を担当。

解説
今尾文昭◎いまお・ふみあき
1955年兵庫県生まれ。
同志社大学文学部文化史学専攻卒業。博士（文学）。
奈良県立橿原考古学研究所調査課長を経て、現在、関西大学非常勤講師など。
主な著作：シリーズ「遺跡を学ぶ」093『ヤマト政権の一大勢力 佐紀古墳群』（新泉社）、『古代日本の陵墓と古墳1　古墳文化の成立と社会』『古代日本の陵墓と古墳2　律令期陵墓の成立と都城』（青木書店）ほか多数。

協力機関
奈良県立橿原考古学研究所附属博物館
天理市教育委員会
文化庁

地図作成　あおく企画、坂 靖
ブックデザイン　堀渕伸治◎tee graphics